MARIO TEMPESTA

ACQUISIRE IMMOBILI

Trucchi e Strategie per l'Individuazione degli Immobili, la Raccolta delle Informazioni e l'Acquisizione Professionale

Titolo

"ACQUISIRE IMMOBILI"

Autore

Mario Tempesta

Editore

Bruno Editore

Sito internet

http://www.brunoeditore.it

Sommario

Introduzione

Quante volte nel corso della carriera di agente immobiliare abbiamo avuto il cliente "giusto" per un immobile ma non avevamo l'immobile da proporgli... Molto spesso succede il contrario, ossia abbiamo acquisito un immobile ma non riusciamo a venderlo.

Il presente ebook non vuole avere la pretesa di insegnare il metodo esatto per acquisire degli immobili da destinare alla successiva vendita ma vuole solo indicare, soprattutto agli addetti ai lavori – ma non solo – alcune strategie e tecniche per acquisire un immobile in maniera corretta e professionale.

Sta poi alla capacità del singolo riuscire a ricevere l'incarico di vendita da parte del privato, ma se venissero attuate una serie di azioni che mi permetto di "suggerire" sicuramente il percorso sarebbe facilitato e, pertanto, consiglio sia agli esperti sia a coloro che lo sono meno, di provare, sperimentare e verificare... Dopo tutto non costa nulla ritornare a utilizzare i propri metodi tradizionali e si fa sempre in tempo a ripercorrere la vecchia strada.

Rimango a disposizione per eventuali necessità e sarò lieto di ricevere osservazioni, critiche e commenti all'indirizzo email mariotempesta@hotmail.com.

Buona lettura!

CAPITOLO 1:
Come affrontare il mercato immobiliare

L'attuale momento storico del nostro mercato immobiliare impone sempre più competenze e oneri da parte delle numerose figure professionali coinvolte. Il motivo è abbastanza semplice, se si pensa che il privato non è informato sulle capacità e conoscenze che ha un agente immobiliare. La maggior parte delle persone non sa cosa farsene di un agente e fino a quando noi mediatori immobiliari non avremo una formazione professionale riconosciuta il privato cercherà di evitare il contatto con gli agenti.

Il "signor Rossi" ritiene di poter vendere la sua casa da solo perché ha fatto lo stesso quando un anno prima ha venduto la sua automobile. In questo modo ha risparmiato sulla commissione del concessionario e quindi controlla per settimane gli annunci sui giornali per avere un'idea di quanto può valere la sua casa.

Successivamente pubblicherà un annuncio e solo dopo il ventesimo appuntamento comprenderà che tutti hanno ritenuto troppo caro il prezzo da lui richiesto. Solo adesso capisce che ha bisogno di un esperto... ma costa soldi. Così cercherà di trovare il modo per avere le sue prestazioni ma di risparmiare sulle provvigioni. Praticamente impossibile.

Ogni possibile informazione viene sfruttata per vendere al più presto e con maggior profitto il proprio immobile. Dapprima verranno informati amici e parenti, poi anche il panettiere, il macellaio, il parrucchiere, il benzinaio ecc.

Per un agente immobiliare professionista questo è già il primo segnale per acquisire un immobile nuovo, fresco di mercato, proprio da questa cerchia di persone, in quanto hanno già le informazioni principali basate sul fatto che nelle vicinanze verrà venduto un immobile.

Queste informazioni di solito non arrivano subito all'agente ma vengono divulgate sottovoce come se fossero confidenziali. La maggioranza degli immobili viene venduta sulla base delle conoscenze ricevute dai privati.

Se si seguono i pensieri di un privato che vuole vendere il proprio immobile, si possono riconoscere delle similitudini allorquando ci si ammala: all'inizio si cerca di curare il raffreddore con la ricetta della nonna e se non funziona si comprerà il medicinale in farmacia. Se quest'ultimo non produrrà gli effetti desiderati si opterà per un esperto: un medico. E se questo sarà in grado di curarci velocemente ci arrabbieremo con noi stessi perché non ci siamo recati prima da lui.

SEGRETO n. 1: un agente immobiliare professionista coglie e capta notizie utili parlando con le persone della zona, dichiarando la sua professione in maniera che tutti sappiano che è un venditore di immobili e gli possano dare preziose informazioni.

Come motivare se stessi

La parola "motivazione" comprende due atteggiamenti mentali che possiamo avere, riferiti a una determinata situazione: uno è la *paura* e l'altro è il *desiderio*. Se qualcuno ha paura di una certa cosa guarda sempre al passato, dove una questione simile è finita male. Spera che stavolta non finisca male, ma il suo atteggiamento mentale fa tutt'altro. Si orienta verso il fallimento! E alla fine, compiangendosi si dirà: «Già da come era iniziata... sapevo che doveva finire così».

Se un agente immobiliare professionista però dirige il suo atteggiamento verso il desiderio, questo non solo sarà rafforzato ma, collegato a una buona preparazione, darà la sicurezza di arrivare fino in fondo e indirettamente motiverà la persona a prendere la giusta decisione.

Un buon agente immobiliare non ha paura di un *no*, perché sa che dopo il *no* si va avanti:... perché no? Il cliente dirà che non può o non vuole decidere in questo momento. Solo chi "dimentica" di formulare questa domanda ha già perso parecchie opportunità di aprire una trattativa, di continuare a seguire il cliente, di cercare di comprendere le sue aspettative e i suoi bisogni.

Tutti sappiamo che se dovessimo prendere una decisione e impiegassimo molto tempo, alla fine non decideremmo più... più si pensa a una cosa e più sopraggiungono i dubbi che dapprima non avevamo. Potrebbero essere anche banali, non è necessario che siano delle grosse problematiche. I dubbi rimangono e influenzano la decisione finale in maniera negativa.

Lo stesso vale anche per fissare appuntamenti a lungo termine, in quanto nel frattempo i "cari" amici e conoscenti, ai quali ci si rivolge per chiedere un consiglio, hanno espresso la loro opinione negativa e hanno influenzato colui che deve prendere la decisione. La soluzione migliore è cercare di capire immediatamente le esigenze del cliente e prendere un appuntamento a breve termine.

Per realizzare questo bisogna lavorare e quindi essere attivi e per questo motivo bisogna allontanare le convinzioni demotivanti che ci influenzano negativamente e concentrarci invece sulle convinzioni potenzianti che ci danno la giusta carica di energia positiva per affrontare con sicurezza ed efficacia le varie problematiche.

Il passaggio è molto semplice e si racchiude in tre semplici mosse:

1. ragionare diversamente, ossia partire dal presupposto che una convinzione potenziante distrugge/disattiva quella depotenziante;

2. attivare il proprio potenziale, che si manifesterà in azioni positive;

3. le proprie azioni positive porteranno a dei risultati positivi.

SEGRETO n. 2: la convinzione fa compiere o non compiere una determinata azione e quest'ultima porta o non porta a un determinato risultato: attivando il proprio potenziale in maniera positiva si avranno risultati positivi.

Come partire e iniziare il cammino

È più facile di quello che si pensa. Intanto questa professione va intrapresa con la massima serietà e impegno e anche con lo spirito giusto come quello di vivere e intraprendere un'avventura.

Bisogna caricare le proprie batterie personali, ossia le proprie convinzioni potenzianti, armarsi di una giusta dose di coraggio, intraprendenza, volontà e buon umore e iniziare il proprio cammino. Si inizia camminando, si vedrà in seguito che questa sarà anche una strategia per acquisire immobili: "acquisizione attraverso il cammino".

Non bisogna vergognarsi di dichiararsi un agente immobiliare, di essere riconosciuto come tale, anzi, bisogna presentarsi e proporsi a tutte le persone con le quali entriamo in contatto e quindi dichiararlo al benzinaio, al macellaio, alla commessa del supermercato a tutte le persone con le quali si interagisce.

«Tieni aperte non solo le orecchie ma anche gli occhi!» Se stai attento a dove si fermano i furgoni dei traslochi, o dove le finestre rimangono con le tapparelle abbassate per lungo tempo, queste sono notizie e segnali che possono sicuramente rivelare indizi utili per scovare l'appartamento che può essere compravenduto.

Hai bisogno poi della tua organizzazione aziendale e quindi se già disponi di un ufficio, un collegamento a Internet e una segretaria, lascia detto in che zona della città ti trovi in modo tale da essere sempre facilmente raggiungibile o spostarti velocemente. Porta con te un numero sufficiente di biglietti da visita e un blocco notes o uno smartphone per prendere appunti: per iniziare non serve nient'altro.

Ricorda che per raggiungere il successo devi prima avere un atteggiamento mentale e una sicurezza interiore che sia positiva, in quanto il cliente deve sentire l'entusiasmo nell'aria, deve sentirsi motivato all'acquisto. Se il cliente invece ha l'impressione che l'agente stesso non sceglierebbe mai l'appartamento proposto o non è convinto del tutto, nell'acquirente aumentano i dubbi che non sia l'immobile giusto per lui.

L'atteggiamento interiore dell'agente è una premessa fondamentale per la vendita. Ed è normale che il successo della vendita subisca alti e bassi per cui ci saranno anche dei piccoli fallimenti: essi dovranno essere vissuti come risorsa, come sprone per migliorare ed essere convinti che la prossima volta andrà meglio.

La vita ci insegna anche questo: se vuoi veramente una cosa riesci a ottenerla. Oltre all'atteggiamento è molto importante anche l'iniziativa, che possiamo considerare come la nostra gamba di appoggio. Senza iniziativa non funzionerà nulla. Il successo è un mix composto da:

- 60% di duro lavoro;
- 38% di conoscenza e capacità;
- 2% di fortuna e coincidenza.

Se pensi di scambiare l'ultima cifra con la prima... non funzionerà! Solo chi lavora duramente verrà aiutato dalla fortuna e dalla coincidenza, ma chi aspetta che arrivi la fortuna sicuramente non la vedrà arrivare.

Ricorda sempre che compare solo un pensiero nella testa del cliente privato (generico-medio): un agente è inutile, non mi serve!

Il proprietario di un immobile confronta i vari prezzi degli annunci e ritiene che quello indicato sarà definitivo... non può comprendere che quel prezzo è solo una cifra iniziale, indicativa, e il vero prezzo di conclusione sarà un altro, ossia quello scaturito da una trattativa basata su tantissimi elementi condizionanti (tempistica, modalità di pagamento, momento psicologico ecc.). Tutte argomentazioni che affronteremo nei prossimi capitoli.

SEGRETO n. 3: il successo è un mix composto da 60% di duro lavoro, 38% di conoscenza e capacità, 2% di fortuna e coincidenza.

RIEPILOGO DEL CAPITOLO 1:

- SEGRETO n. 1: un agente immobiliare professionista coglie e capta notizie utili parlando con le persone della zona, dichiarando la sua professione in maniera che tutti sappiano che è un venditore di immobili e gli possano dare preziose informazioni.

- SEGRETO n. 2: la convinzione fa compiere o non compiere una determinata azione e quest'ultima porta o non porta a un determinato risultato: attivando il proprio potenziale in maniera positiva si avranno risultati positivi.

- SEGRETO n. 3: il successo è un mix composto da 60% di duro lavoro, 38% di conoscenza e capacità 2%, di fortuna e coincidenza.

CAPITOLO 2:
Come acquisire immobili per la vendita

Esistono chiaramente diversi metodi per procurarsi un immobile. Abbiamo già accennato al fatto che un metodo può essere quello di rivolgersi a persone che sono in contatto con altre e che per le più svariate ragioni sono entrate in possesso dell'informazione.

È stato fatto riferimento al benzinaio, al panettiere, alla commessa del supermercato ecc. e questa metodologia, ossia quella di parlare con gli altri e di farsi conoscere, può portare sicuramente a una serie di risultati positivi.

Parallelamente bisogna entrare in contatto anche con altre figure che gravitano nell'ambiente immobiliare, ossia commercialisti, avvocati e direttori/impiegati di banca. Queste persone rappresentano una fonte importante di informazioni.

Fatto salvo il principio di riservatezza legato al segreto d'ufficio che ogni componente di queste categorie deve rispettare, quando l'agente immobiliare entra in contatto con questi professionisti può presentare semplicemente le sue referenze, farsi conoscere e, nel caso in cui i medesimi avessero bisogno delle sue prestazioni per seguire i propri clienti, non esiteranno a contattarlo.

Analogo discorso con gli amministratori di condominio. Oramai la figura del portiere sta scomparendo ma qualora sia presente può rivelarsi un'ottima fonte di informazioni.

In sostanza occorre farsi conoscere, presentarsi e parlare con queste figure, lasciare il proprio biglietto da visita e si verrà contattati. Più si semina... più si raccoglie.

Altri contatti potranno essere intrapresi con le ditte di trasloco, le compravendite di mobili nuovi e usati, architetti, ingegneri e geometri che si occupano di progettazione, oppure visionando le delibere relative alle concessioni edilizie che vengono rilasciate al Comune.

Addirittura se ci dovesse capitare di entrare in uno stabile e scendere nel sottoscala, dove c'è il vano che contiene i contatori elettrici, si può controllare se compaiono i cartellini dell'azienda elettrica con il sigillo... segnale che in quell'appartamento è stata disattivata la rete elettrica e che quindi vale la pena approfondire se vi sia la disponibilità di vendita e/o affitto.

Un'altra possibilità proviene dal cosiddetto "volantinaggio". Molti studenti per arrotondare si offrono volentieri a questo tipo di incarico, ed esistono addirittura ditte specializzate.

È essenziale predisporre un volantino professionale ove sia specificato che nella zona in cui viene distribuito si è alla ricerca di appartamenti e imbucarlo nelle cassette della posta facendo attenzione ove sia riportato il divieto di pubblicità. I privati che intendono vendere conserveranno il volantino e chiameranno per un appuntamento.

Ogni appartamento è un caso a sé, ogni trattativa è diversa dall'altra e ogni compravendita è differente... quello che però è importante sottolineare è che la linea di condotta dell'agente immobiliare dovrà essere sempre improntata all'onestà, alla correttezza e alla trasparenza: solo così si arriverà al successo.

Se si considera che anche il cliente che si rivolge all'agenzia immobiliare proviene – nella maggioranza dei casi – o da un appartamento più grande/piccolo o da un affitto, non costa nulla chiedere: «Dove abita adesso? Deve produrre la disdetta (nel caso di affitto) oppure deve vendere il suo appartamento (nel caso di acquisto)?». Prima o poi si prenderanno due piccioni con una fava.

SEGRETO n. 4: sviluppa una rete di contatti con la quale interloquire, e lascia sempre dei riferimenti (presentazione, biglietto da visita, curriculum) per essere successivamente contattato.

Come acquisire

Abbiamo visto che sviluppando una rete di contatti o *stakeholder* (da Wikipedia: con il termine di stakeholder si individuano i soggetti sostenitori nei confronti di un'iniziativa economica, sia essa un'azienda o un progetto. Ad esempio, fanno parte di questo insieme: i clienti, i fornitori, i finanziatori – banche e azionisti – i collaboratori, ma anche gruppi di interesse esterni, come i residenti di aree limitrofe all'azienda o gruppi di interesse locali) riusciamo a creare e sviluppare una rete di contatti che ci consente di farci conoscere e avere la possibilità di essere interpellati allorquando si verifica una necessità in ambito immobiliare.

Maggiore sarà curata la nostra rete, maggiori possibilità avremo di ricevere possibilità di acquisizioni di immobili. In sintesi sono i nostri portatori d'interesse tutte le persone con le quali interagiamo e che quindi ci occorreranno per poter lavorare, per acquisire immobili da destinare alla successiva vendita. Maggiore sarà il numero di persone con le quali interagiamo, maggiori saranno le probabilità di acquisire.

Appare sicuramente utile creare una lista dei nostri stakeholder; di seguito – a titolo di esempio e in maniera molto semplificata – riporto una lista che potrebbe essere utile purché sia sempre aggiornata, verificata e controllata periodicamente:

Data	Luogo	Persona di riferimento	Consegnato biglietto da visita	Scritto email (referenze, presentazione, curriculum)	Immobili in zona	Sono stato contattato?	Contattare di nuovo	Feedback

Una semplice lista come questa può esserci di molto aiuto, basta tenerne un foglio in tasca (o memorizzarla su uno smartphone) e di volta in volta aggiornarla subito dopo aver sviluppato un contatto; successivamente, in ufficio potremo perfezionarla e completarla con il computer.

Possiamo creare una tabella Excel oppure un vero e proprio data base, ma lo scopo principale è quello di farci conoscere, vendere la nostra immagine e cercare di avere più possibilità di acquisire immobili. Per questo motivo la lista deve essere sempre aggiornata, verificata a scadenze periodiche (es.: almeno ogni tre mesi richiamare e/o contattare i vari contatti, rinfrescargli la memoria) e attribuire un feedback ad ogni contatto.

È chiaro che più volte saremo richiamati da un contatto, maggiore dovrà essere la nostra attenzione rivolta a esso, sia in termini di professionalità che di riscontro successivo alla segnalazione ricevuta.

SEGRETO n. 5: predisponi una lista dei tuoi stakeholder con i quali interloquire, aggiornala e verificala periodicamente e costantemente.

Come acquisire telefonicamente

Le strategie più efficaci per acquisire immobili, oltre a quelle precedenti indicate, meritevoli di un approfondimento specifico, sono relative all'acquisizione telefonica e mediante annunci su Internet.

L'informazione della vendita di un immobile di un privato può giungere attraverso diversi canali. Essi possono essere: annuncio su giornali e/o quotidiani, annuncio su Internet, annuncio su volantino o locandina pubblicitaria.

Indipendentemente dal sistema con il quale siamo venuti a conoscenza della vendita di un immobile da parte di un privato, sarà necessario un contatto con il venditore, ossia una telefonata.

Un discorso a parte va affrontato per gli annunci su Internet che non riportano un numero telefonico e che quindi necessitano di un'email come primo contatto con il proprietario e che sarà argomento del prossimo paragrafo.

In ogni caso la telefonata dovrà essere di tipo professionale, pertanto, trattandosi di rintracciare privati, bisogna attenersi agli orari indicati nel medesimo annuncio – se riportati – oppure telefonare in orario pasti, anche se può apparire seccante, a volte, ma senza dubbio necessario.

Sul posto di lavoro non sempre si può rispondere al cellulare, se è indicato solo quel numero, e pertanto ci saranno maggiori probabilità di ricevere risposta negli orari di interruzione, quindi durante la pausa pranzo oppure dopo il lavoro.

Se si dispone di una segretaria appare più professionale far precedere il colloquio facendosi annunciare, per poi gestire la telefonata in prima persona.

È essenziale *non* vendere i propri servizi già al telefono, lo scopo della telefonata dovrà essere solo quello di ricevere un appuntamento, pertanto sarà breve e succinta e orientata solo alla conferma della vendita dell'immobile e alla disponibilità di fissare un incontro.

Applicare una semplice regola può esserci di aiuto: al telefono non si può comprendere bene tutto come quando ci si incontra e si parla di persona, pertanto questa regola forte che deriva dalla parola inglese *KISS* è: (*Keep It Short + Simple*) ossia "taglia corto semplicemente".

Non lasciamoci coinvolgere dalle domande del privato dando una miriade di informazioni, ma limitiamoci a raggiungere l'obiettivo che ci siamo prefissati: ottenere un appuntamento.

Sarà molto difficile ottenere un appuntamento se già per telefono spieghiamo tanti dettagli e forniamo tante informazioni. Non abbiamo ancora visto l'immobile (né dall'esterno, né dall'interno), non sappiamo se potrebbe essere interessante o meno (come vedremo non è necessario acquisire ogni immobile che è in vendita) e non sappiamo se potrà essere adatto o meno alla nostra clientela.

Noi dovremmo cercare di acquisire quelli più adatti da inserire nella nostra struttura, quindi sarebbe controproducente acquisire tutti gli immobili nella speranza che almeno uno si venda.

Solo chi fa sentire con una certa sicurezza che non deve avere l'immobile a tutti i costi già nella prima telefonata ha più possibilità di ottenere un appuntamento per visionare l'immobile posto in vendita.

Immedesimandosi nella veste del proprietario dell'immobile si avvertirebbe immediatamente dell'incoerenza se un agente immobiliare, al telefono e già alla prima telefonata promettesse oppure alludesse a determinate concessioni e/o prestazioni (es.:

«Abbiamo proprio il cliente giusto, sicuramente il suo appartamento sarà venduto bene e velocemente» ecc.).

Non tutti i proprietari sono disponibili a concedere un appuntamento ma bisogna far loro capire che è necessario verificare se l'appartamento è adatto, idoneo alle esigenze della vostra clientela; potreste anche non considerarlo valido e pertanto dovete verificare se è quello che state cercando.

Non è neanche opportuno indicare ulteriori argomentazioni al primo colloquio telefonico, in quanto è facile esporsi alle solite obiezioni:

- non voglio lavorare con un'agenzia immobiliare;
- quanta provvigione chiede?
- non voglio firmare un'esclusiva;
- perché dovrei scegliere la sua agenzia?

Sono tutti quesiti ai quali è meglio rispondere in occasione della visita ove avremmo più possibilità di argomentare con decisione e sicurezza tutta la serie di interrogativi che ci verranno posti e inoltre *non è* lo scopo della nostra telefonata: noi vogliamo un appuntamento ed è importante farlo adesso e non più avanti.

Nel capitolo successivo vedremo come sarà necessario comportarsi al primo appuntamento e concludere una trattativa di acquisizione.

SEGRETO n. 6: effettua una telefonata professionale volta a ottenere un appuntamento il prima possibile e a orario e giorno certo, senza impegnarti troppo telefonicamente su condizioni e servizi che specificherai solo in sede di visita (utilizza la formula *KISS*).

Come acquisire con annunci pubblicitari

Un'inserzione pubblicitaria può sortire diversi effetti a seconda del suo contenuto. Presupponiamo di pubblicare un annuncio del seguente tenore: «Agenzia XY cerca per la sua clientela appartamento composto da due stanze da letto ecc.». Gli effetti di tale annuncio porteranno pochi riscontri, infatti il 99% di questi annunci sono inutili.

Potranno esserci maggiori risonanze e più possibilità se pubblichiamo un annuncio di questo tipo: «Per top-manager cerchiamo urgentemente villetta unifamiliare fino a un massimo di 1.000.000 €, nella zona di...»

I privati che vedranno coincidere budget disponibile, zona e caratteristiche dell'immobile si metteranno in contatto per un appuntamento.

Un annuncio particolare, che richiama subito attenzione, avrà maggiori possibilità di riscontro e permetterà anche di essere ricordato in futuro, sia come contenuto sia come agenzia proponente.

Ad esempio: «Single convinto, ricco e solo, cerca appartamento di prestigio, in zona esclusiva, ultimo piano, anche se dispendioso...». In sintesi, pubblicando un annuncio che altri non hanno avuto il coraggio di pubblicare, accattivante e spregiudicato, si avranno maggiori risultati.

SEGRETO n. 7: anziché pubblicare annunci lunghi e costosi, prepara annunci professionali riconoscibili, d'impatto e che lasciano il segno!

Come acquisire tramite annunci in Internet

Allorquando un privato inserisce il proprio annuncio di vendita su un sito internet e non lascia un riferimento telefonico è necessario scrivere un'email.

Inviare un'email sintetica ed efficace può portare a un interesse, da parte del proprietario, se riusciamo a far cogliere, in poche righe, la nostra capacità professionale per occuparci della compravendita del suo immobile.

Pertanto sono da evitare email "finte e sterili" che appaiono dei fac-simile prestampati, meglio utilizzare sicuramente una traccia… ma personalizzarla.

Ad esempio se è indicato il nominativo (spesso solo il nome di battesimo) nell'annuncio (spesso si può dedurlo dall'indirizzo email), meglio personalizzare la nostra richiesta rivolgendoci in prima persona all'inserzionista, usando, come di consueto, la forma di cortesia (es.: Gentile Luigi, Le chiedo maggiori informazioni sull'annuncio presente nel sito XY...).

Specificare sempre il motivo della richiesta ed evitare di scrivere come se volessimo noi stessi comprare l'immobile, perché sappiamo benissimo che non è vero e quindi otterremo immediatamente un effetto deleterio in quanto deluderemo il proprietario che ci considererà poco seri.

Chiediamo quindi la possibilità di visionare l'immobile senza impegno rendendoci disponibili a un appuntamento. Con l'occasione lo invitiamo a visitare il nostro sito web al fine di approfondire questa prima conoscenza e far sì che il proprietario dell'immobile si faccia una prima immagine della nostra struttura.

Chiaramente il nostro sito web dovrebbe essere aggiornato e di buona fattura, ricco di immobili idonei e pagine interessanti e che presenti anche una buona immagine dell'agenzia e dei suoi componenti. Nella parte finale dell'email è opportuno lasciare sempre una domanda aperta al proprietario affinché sia stimolato a rispondere.

Ad esempio, si può chiedere di quanti metri calpestabili esatti è l'appartamento, oppure la grandezza dei balconi, oppure l'esposizione, o un particolare che non è presente nel suo annuncio e quindi che invogli il proprietario a rispondere e fornirci l'informazione (che potrà essere sempre utile) ma soprattutto stabilire il primo contatto iniziale: rompere il ghiaccio.

A fine email è opportuno concludere con il gruppo firma, indicando numero d'iscrizione all'albo ed eventuali titoli, oltre che indirizzo, telefono, email e sito web della propria struttura, meglio ancora se incorporiamo il logo (non molto grande) ed eventuali iscrizioni ad associazioni e/o organismi qualificati. A titolo di esempio, si riporta un fac-simile standardizzato di un'email che potrebbe essere utilizzata a tal fine:

Gentile signor X (nome di battesimo),
La pregherei, se possibile, di inviarmi maggiori informazioni sull'immobile da Lei messo in vendita. Abbiamo diversi clienti

presenti nella nostra banca dati che ricercano una tipologia d'immobile simile alla Sua. Le accenno che la nostra agenzia è composta da professionisti di lunga e provata esperienza nel settore immobiliare, e con una profonda conoscenza del mercato.

(Nome agenzia) è l'agenzia immobiliare "full-service" per tutto ciò che riguarda valutazione, consulenza e strategia di vendita nel campo immobiliare. Siamo presenti nella provincia di (nome città) con la nostra filiale di (nome città/paese) in via (indirizzo) con X (numero) mediatori e diversi partner commerciali. Siamo inoltre associati (nome associazione). Abbiamo un'ottima conoscenza dei mercati di (città/paesi) e dintorni, ed effettuiamo l'attività di mediazione immobiliare con professionalità e successo fornendo al Cliente tutti quei servizi correlati e l'assistenza necessaria fino al compimento totale della transazione. Dotati di grande spirito di iniziativa, tramite i nostri mezzi informatici riusciamo a coniugare richiesta e offerta in tempi rapidissimi e quindi non perdiamo alcuna sfida che il mercato ci offre.

Avremmo quindi piacere di esserLe utili nella vendita del Suo immobile e per questo motivo siamo disponibili per un appuntamento non impegnativo.

Il Suo referente: XY (nominativo agente immobiliare, telefono fisso, telefono cellulare).

Siamo presenti in Internet sul sito www.xyxyxyx.it e volentieri riceviamo posta elettronica all'indirizzo info@xyxyxy.it.

Nell'attesa di un suo gradito riscontro, porgiamo cordiali saluti.

(Titolo e nominativo agente immobiliare)

Agente immobiliare n. XXX

Nome agenzia

Agenzia immobiliare

Indirizzo

CAP + città/paese

Telefono + fax

Cellulare

Sito internet

info@xyxyxxy.it

SEGRETO n. 8: predisponi un fac-simile, da personalizzare di volta in volta, e utilizzalo per spedire email agli inserzionisti privati che utilizzano i siti internet per la vendita di immobili.

RIEPILOGO DEL CAPITOLO 2:

- SEGRETO n. 4: sviluppa una rete di contatti con la quale interloquire, e lascia sempre dei riferimenti (presentazione, biglietto da visita, curriculum) per essere successivamente contattato.

- SEGRETO n. 5: predisponi una lista dei tuoi stakeholder con i quali interloquire, aggiornala e verificala periodicamente e costantemente.

- SEGRETO n. 6: effettua una telefonata professionale volta a ottenere un appuntamento il prima possibile e a orario e giorno certo, senza impegnarti troppo telefonicamente su condizioni e servizi che specificherai solo in sede di visita (utilizza la formula *KISS*).

- SEGRETO n. 7: anziché pubblicare annunci lunghi e costosi, prepara annunci professionali riconoscibili, d'impatto e che lasciano il segno!

- SEGRETO n. 8: predisponi un fac-simile, da personalizzare di volta in volta, e utilizzalo per spedire email agli inserzionisti privati che utilizzano i siti internet per la vendita di immobili.

CAPITOLO 3:
Come concludere trattative di acquisizione

Come gestire il primo appuntamento

Una volta ottenuto l'appuntamento, e abbiamo visto come fare per averlo, potremo recarci alla visita dell'immobile. Non sarà opportuno ottenere il primo appuntamento in un posto diverso da quello dell'immobile posto in vendita, anche se occupato da inquilini, anche se il proprietario ci mette a disposizione fotografie, planimetrie e si rende disponibile a raggiungerci nel nostro ufficio.

Questo perché dobbiamo percepire l'appartamento e metterci i piedi dentro, renderci conto del contesto in cui è allocato, chi sono i vicini, le condizioni del condominio, l'esposizione, la vista, lo stato d'uso in generale. Inoltre dobbiamo memorizzare l'appartamento e per questo necessariamente dobbiamo vederlo.

Solo dopo aver effettuato la prima visita ci si può accordare per incontri successivi, di massima presso il nostro ufficio e non in luoghi diversi, anche se proposti dal proprietario; questo per varie ragioni: potremmo aver bisogno di modulistica che abbiamo presso la nostra struttura, riusciamo a gestire meglio la trattativa di acquisizione perché "giochiamo in casa" e siamo più forti, oppure se il privato vuole vendere per poi successivamente acquistare abbiamo la possibilità immediata di proporgli altri immobili.

I vantaggi di incontrarsi in ufficio sono:

- la serietà dell'agente immobiliare viene dimostrata attraverso la struttura del suo ufficio, nell'arredamento, nel personale;
- il cliente acquisisce la fiducia per un'agenzia da quello che vede;
- in ufficio l'agente immobiliare ha più carte da giocare (confronto di immobili similari, valori per una stima, banca dati di compravendite effettuate, di clienti ecc.).

Inoltre, in occasione della visita all'immobile valuteremo anche alcuni dettagli che possono essere estremamente utili, quali le condizioni sociali degli interessati, le motivazioni della vendita, le eventuali esigenze e la tipologia di cliente adatto all'immobile.

SEGRETO n. 9: il primo appuntamento per la visita all'immobile da acquisire dovrà essere svolto sempre e solo nella sede dell'immobile stesso.

Come ricevere l'incarico di vendita

Una volta "messo piede" all'interno dell'immobile lasciamo che sia il proprietario a esporcelo e a dirci come è arrivato al prezzo di vendita, e per far questo gli porremo delle domande molto semplici, del tipo: «Da quanto tempo cerca di venderlo? Quante persone hanno già visitato l'immobile? Ci sono altre agenzie interessate alla vendita? Come mai non è ancora riuscito a venderlo?».

Dalle sue risposte si riceveranno preziose informazioni. Otterremo sicuramente la motivazione della vendita, l'urgenza o meno della vendita stessa, da quanto tempo l'immobile è sul mercato, quante persone hanno già effettuato una visita e/o avanzato una proposta e se ci sono agenzie concorrenti. Sono tutti indicatori che segnalano se l'appartamento è molto/poco/per niente appetibile.

Anche se potrebbe sembrare un controsenso, l'agente immobiliare *non* deve accettare tutti i tipi di immobili. Non sempre un immobile in una zona specifica e magari a un buon prezzo di mercato può essere adatto alla nostra clientela. Molto spesso occorrerà tantissimo impegno e, tradotto in termini economici, tanto denaro per gestire la vendita di questo immobile.

Bisogna capire per quale tipo di acquirente potrebbe andar bene l'immobile oggetto di acquisizione e se coincide con la struttura della nostra clientela. Se stiamo acquisendo un immobile che sicuramente non è adatto alla nostra clientela o ai nostri principi aziendali è meglio rinunciare. Servirebbe un maggior impegno e questo, di solito, si ripercuote a svantaggio di altre vendite che potrebbero essere effettuate più velocemente. Analogo discorso è valido per gli immobili in fase di costruzione e/o di progettazione. In ogni caso, solo se si decide di utilizzare questa linea e si è preparati adeguatamente si potranno avere delle possibilità di successo.

L'ideale sarebbe di gestire non più di dieci-quindici immobili per agente immobiliare. Per questo motivo, anziché rischiare di avere per dodici-quindici mesi immobili che poi saranno seppelliti nell'ultimo cassetto della nostra scrivania, periodicamente ripuliamo le nostre offerte mese per mese concentrandoci solo su quelle appetibili. È sicuramente controproducente gestire una mole troppo numerosa di immobili che poi non siamo in grado di seguire con impegno e dedizione.

Più velocemente si vende un immobile, minori saranno i costi e di conseguenza maggiormente sarà stimato il nostro lavoro. Inoltre c'è da aggiungere un effetto "boomerang" che spesso non viene considerato e cioè che per ogni immobile non venduto ne consegue un effetto negativo.

Un immobile non venduto crea la convinzione nel proprietario che l'agente non è stato capace a venderlo. Di conseguenza, con la quantità di immobili non venduti si discredita anche la reputazione dell'agenzia.

Nel caso in cui vi siate identificati in alcune di queste casistiche, acquisite velocemente nuovi immobili che si inseriscono bene nella vostra struttura e liberatevi di quelli non idonei.

SEGRETO n. 10: acquisisci solo immobili idonei alla linea e alla struttura della tua azienda. Non acquisire immobili con i quali ci saranno difficoltà di gestione e che avrai in carico per troppo tempo a discapito di costi ed energie.

Dopo che il proprietario dell'immobile ci avrà illustrato le caratteristiche dello stesso e abbiamo colto le motivazioni della vendita, la tempistica e le dinamiche a essa collegate, prendiamo nota di tutti i dettagli mediante l'utilizzo di un'apposita scheda – di cui verrà fornito un fac-simile nel prossimo paragrafo – che riepilogherà i dati salienti.

Non lasciamoci coinvolgere a fornire una consulenza di tipo gratuito per quanto concerne la determinazione del prezzo. Molto spesso il privato vuole avere una conferma sul prezzo di vendita che ha ipotizzato (e sappiamo come ha calcolato questo importo, sulla base di soli confronti e fonti poco autorevoli), per questo chiederà di conoscere la nostra opinione.

Un agente che si lascia ammaliare da facili complimenti spesso è subito pronto a fornire le sue conoscenze gratuitamente. Limitiamoci a dire al proprietario che faremo un giudizio di stima e che per arrivare a questo abbiamo bisogno di fare accertamenti, misure, verifiche e un'indagine di mercato, pertanto riceverà la nostra opinione sul prezzo appena ultimate queste operazioni.

Come vedremo nel prossimo paragrafo, solo dopo aver compilato la scheda e raccolto i dati – in separata sede in ufficio – redigeremo una stima sintetica sul prezzo di mercato che l'immobile può avere e con questo metodo saremo molto più professionali rispetto a chi "spara" prezzi dopo dieci minuti sul corridoio dell'immobile.

Il nostro obiettivo in questo momento è un altro: acquisire o meno l'immobile con un incarico, possibilmente in esclusiva. Il proprietario dell'immobile deve essere pronto e convinto ad affidarsi a un agente immobiliare.

Ciò non accade se si parla male del suo bene, formulando "sentenze" del tipo: «In questo stato d'uso non può aspettarsi di ricevere più di tot euro». Sono frasi deleterie che denotano una mancanza di argomentazioni e di professionalità.

Un professionista cerca altre vie che prevedono l'uso di tecniche nel porre domande, per fare capire al venditore quali rischi si possono nascondere dietro la vendita di un immobile. Domande logiche e convincenti.

Bisogna utilizzare un linguaggio sicuro, educato e tranquillo, bisogna vendere i pregi di tutta la categoria degli agenti immobiliari e solo dopo concentrarsi a vendere la propria immagine legata alla filosofia della propria agenzia.

È sbagliato iniziare un rapporto tra proprietario dell'immobile e agente immobiliare evidenziando i pregi personali di quest'ultimo convinto di ricevere l'incarico per simpatia. Pur avendo convinto o meno il proprietario dell'immobile che siamo il suo partner idoneo a compravendere l'immobile dobbiamo convincerlo a firmare un incarico di vendita, possibilmente in esclusiva.

Come prima argomentazione bisogna trasmettere il principio che ogni immobile ha una sua fascia, una sua classe specifica di acquirenti e che un acquirente non si rivolge solo a un'agenzia ma a diverse e per questo se l'acquirente nota che l'immobile in argomento di acquisizione gli viene offerto da più agenzie cosa pensa?

Né più né meno, la reazione è la seguente: «Se questo appartamento deve essere offerto da più agenzie significa che non si riesce a vendere» oppure: «Il proprietario deve averlo dato a più agenzie per cercare di ottenere un prezzo accettabile».

L'ideale è far capire al proprietario che un agente immobiliare potrà impegnarsi al massimo quando può vendere l'immobile in tutta tranquillità, concentrandosi su di esso al 100%, e quindi quando ha la fiducia del venditore.

Quali problemi potrebbero nascere se più agenti hanno offerto l'immobile a chi vuole effettivamente comprarlo? Qual è la grande differenza tra un incarico generico e quello in esclusiva?

Se cinque concessionarie auto diverse proponessero la medesima autovettura, cosa si potrebbe mai pensare?

Bisogna sempre essere muniti di un modulo con l'incarico di vendita, anche per la privacy, e cercare di uscire dall'immobile con entrambi i documenti firmati.

SEGRETO n. 11: argomenta i vantaggi di effettuare una compravendita per mezzo di un'agenzia e fatti rilasciare il mandato di vendita, possibilmente in esclusiva.

Come redigere un giudizio di stima

Durante la visita all'immobile bisogna acquisire dati essenziali che serviranno successivamente sia per determinarne il prezzo di mercato, sia per entrare in possesso di tutte le informazioni che dobbiamo essere in grado di riferire all'eventuale acquirente.

Per questo motivo è utile compilare una scheda riepilogativa dei dati principali e a titolo di esempio se ne riporta una che può essere facilmente impiegata e portata in occasione di visita:

SCHEDA DI ACQUISIZIONE

Data sopralluogo:

Tipo di offerta (vendita/locazione):

Codice immobile: XXXX

Anagrafica del proprietario (cognome e Nome, indirizzo, telefoni e email):

Dati immobile (comune, via, numero civico, scala, interno, piano, nominativo citofono):

Tipologia e accessori (interni, esterni, riscaldamento, esposizione ecc.):

Stato d'uso, anno costruzione/ristrutturazione:

Amministrazione (tetto, facciate, caldaia, spese condominiali, nome e tel. amministratore):

Disponibile da:

Luogo incontro visite:

È presente la rete elettrica all'interno dell'appartamento?

Chiavi?

Prezzo richiesto:

Altri intermediari:

Note:

Appare utile integrare la suddetta scheda con informazioni di carattere interno, quali i motivi della vendita (se il cliente ha già acquistato o meno); se l'immobile può essere proposto immediatamente o meno; se è in corso di validità un contratto di locazione; se il cliente attende prima il giudizio di stima e poi autorizza la vendita dell'immobile; infine la nostra valutazione di prezzo e l'eventuale discrepanza con il prezzo richiesto dal proprietario indicando le nostre considerazioni.

Al fine poi di gestire l'immobile in maniera attiva, una volta raccolti i dati di cui sopra e ottenuto il mandato di vendita, appare necessario utilizzare un promemoria, una check list affinché tutti gli immobili vengano gestiti con la medesima metodologia e non si saltino dei passaggi importanti. A tal fine è utile predisporre una scheda come la seguente:

REPORT ATTIVITÀ INTERNE

Informativa privacy: Sì/No

Aggiornamento catalogo immobili (interno): Sì/No

Fotografie: Sì/No

Planimetria: Sì/No

Planimetria in scala: Sì/No

Misurazioni: Sì/No

Aggiornamento file pubblicità: Sì/No

Visura: Sì/No

Planimetria elaborata per Internet: Sì/No

Fotografie elaborate per Internet: Sì/No

Pubblicato in Internet: Sì/No

Inserito nel gestionale: Sì/No

Vetrina: Sì/No

Altri siti: Sì/No

Raccolti tutti i dati, in un secondo momento in ufficio effettueremo alcune semplici operazioni e cioè:

- tramite un sito autorevole (ad esempio agenzia del territorio, borsini immobiliari di alcune associazioni di categoria) verifica del prezzo di vendita stimato al metro quadro per la tipologia d'immobile interessata al giudizio di stima in relazione alla zona;

- verifica se in agenzia esistono o meno tracce di precedenti compravendite di appartamenti che per analogia di tipologia e zona possono essere utili quale confronto;

- acquisizione di una planimetria in scala e dopo le debite misurazioni (superficie netta e lorda) calcolo della superficie di vendita da utilizzare per il valore medio risultante dalla precedente ricerca del prezzo di mercato;

- verifica se altri immobili con analoghe caratteristiche e siti in zone equivalenti vengono compravenduti da altre agenzie e/o privati e a quale prezzo;

- variazioni necessarie in ordine ai fattori positivi e negativi che influenzano l'immobile quali esposizione, altezza, vetustà.

A tal fine appare opportuno seguire una piccola guida che riporta alcuni parametri da prendere in considerazione:

Tabella di valutazione delle caratteristiche di un immobile		
Tipologia	Condominio oltre 6 piani	3,00%
	Condominio da 4 a 6 piani	//
	Condominio da 2 a 4 piani	-3,00%
	Villa	5,00%
	Villino	3,00%
Qualità dell'edificio	Epoca – signorile	5,00%
	Epoca – popolare	-5,00%

	Moderno – signorile	3,00%
	Moderno – economico	-3,00%
Esposizione della luce	Su un lato	-5,00%
	Su 3 lati	5,00%
	Su 4 lati	10,00%
Rumore	Zona tranquilla	10,00%
	Zona rumorosa	-20,00%
Senza ascensore (non installabile)	Piano terra	-15,00%
	Piano primo	-20,00%
	Piano secondo	-20,00%
	Piano terzo	-25,00%
	Piano quarto	-35,00%
	Ogni piano a salire	-7,00%
Manutenzione interna	Fatiscente	-15/30%
	Scarsa	-10/15%
	Buona	+5/10%
	Ottima	+15/30%
Riscaldamento	Autonomo	5,00%
	Assente	-5/10%
Parcheggio in strada	Scarso	-10,00%
	Buono	10,00%
Parcheggio di proprietà	Box	10,00%
	Posto auto	5,00%
Vicinanza verde pubblico	Vicino	5,00%
	Lontano	-5,00%
Vicinanza mezzi pubblici	Vicino	5,00%

Una volta effettuate queste operazioni saremo in grado di determinare un prezzo di mercato dell'immobile in argomento di acquisizione e solo ora potremmo indicare la nostra opinione sul prezzo in quanto se non coincide con le aspettative del cliente avremmo argomentazioni valide per dimostrare il motivo per cui siamo giunti a tale risultato.

Allorquando comunicheremo il prezzo al venditore bisogna sempre specificare che per prassi vi è un margine di trattativa nelle compravendite immobiliari e che quindi appare conveniente indicare un prezzo con un aumento del 5% circa al fine di riuscire a gestire in serenità un'eventuale proposta di acquisto con importi più bassi e trovare poi il giusto punto d'incontro.

SEGRETO n. 12: compila una scheda con i dati principali dell'immobile, attribuendo un codice a ognuno, acquisisci una planimetria in scala e calcola il prezzo di mercato dell'immobile. Mantieni una piccola percentuale di spazio di trattativa quando lo comunichi al venditore.

RIEPILOGO DEL CAPITOLO 3:

- SEGRETO n. 9: il primo appuntamento per la visita all'immobile da acquisire dovrà essere svolto sempre e solo nella sede dell'immobile stesso.

- SEGRETO n. 10: acquisisci solo immobili idonei alla linea e alla struttura della tua azienda. Non acquisire immobili con i quali ci saranno difficoltà di gestione e che avrai in carico per troppo tempo a discapito di costi ed energie.

- SEGRETO n. 11: argomenta i vantaggi di effettuare una compravendita per mezzo di un'agenzia e fatti rilasciare il mandato di vendita, possibilmente in esclusiva.

- SEGRETO n. 12: compila una scheda con i dati principali dell'immobile, attribuendo un codice a ognuno, acquisisci una planimetria in scala e calcola il prezzo di mercato dell'immobile. Mantieni una piccola percentuale di spazio di trattativa quando lo comunichi al venditore.

CAPITOLO 4:
Come redigere un prospetto informativo

Come personalizzare una planimetria

Molto spesso il proprietario dell'immobile è completamente sprovvisto della planimetria oppure ne ha un unico esemplare, non sempre in scala e risalente a diversi decenni prima.

Capita anche che alcune modifiche effettuate all'interno dell'immobile non siano state aggiornate a livello catastale e quindi occorre procurarsi una planimetria in scala per effettuare le necessarie misurazioni e verificare se la situazione sia in ordine o meno.

Tramite un tecnico, l'impresa di costruzioni o il catasto, previa delega del proprietario stesso, ci attiveremo per procurare detto documento e, una volta ottenuto, con l'ausilio di uno scalimetro effettueremo le necessarie misurazioni (superficie netta, lorda e commerciale, qualora fosse necessario per le nuove costruzioni).

Subito dopo, chiaramente dopo aver ricevuto l'incarico di vendita dell'immobile, elaboriamo una planimetria a colori per collocarla con il giusto risalto in una vetrina (se in possesso), oppure nel nostro catalogo, nel nostro sito ed eventualmente in altri siti.

In commercio esistono diversi tipi di software per elaborare le planimetrie, più o meno complessi, più o meno costosi, ma anche il semplice Paint di Windows può essere utile allo scopo.

Consiglio però di prendere contatti con delle ditte specializzate (in Internet se ne trovano diverse) che in solo 24/48 ore, al costo di uno-due euro a planimetria sono in grado di elaborare una planimetria in maniera professionale secondo diversi stili (e chiaramente utilizzeremo quello che più piace e si addice alla linea della nostra agenzia).

In questo modo risparmieremo tempo, avremo delle planimetrie che ripercorrono il medesimo stile che si vuole dare come "impronta" alla nostra agenzia e saremo sicuri che in tempi rapidi saranno pronte.

È possibile inviare una planimetria anche non in scala che sarà elaborata secondo le nostre indicazioni, o addirittura schizzare una planimetria prendendo come riferimento solo uno o due punti (porta d'ingresso, finestra, corridoio ecc.). Esempio di planimetria non in scala, schizzata semplicemente:

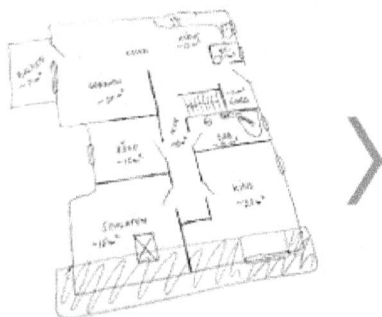

Planimetria in fase di elaborazione:

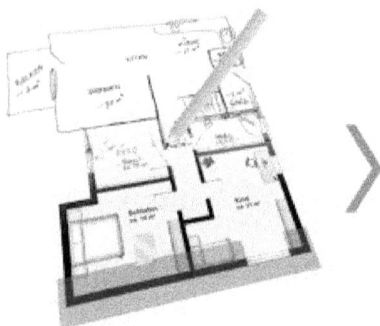

Planimetria ultimata:

Alcune ditte specializzate inviano la planimetria in differenti formati: pdf (da allegare a eventuali email), in dimensioni ridotte razionalizzate per la pubblicazione in Internet, in formato jpg, misure normali per altri usi.

Tra i vari stili potremmo adoperarne uno che ci contraddistingue, in maniera tale che le planimetrie siano le "nostre" planimetrie, identificative anche di stile, professionalità e filosofia aziendale. Qualche esempio:

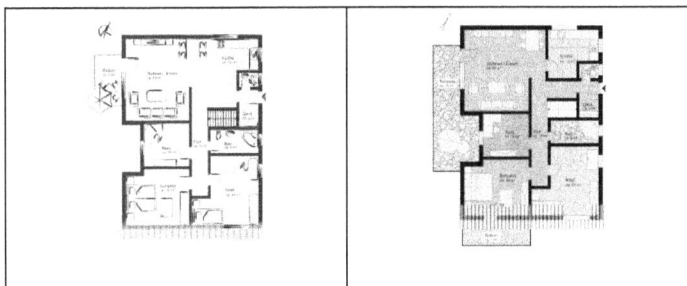

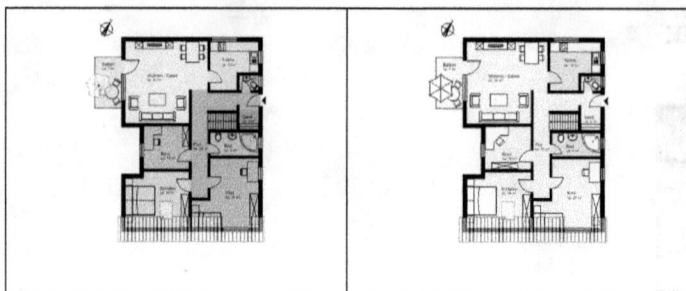

Qualche volta può essere necessario elaborare anche le sezioni di un immobile, le viste oppure il contesto in cui si trova il condominio. Qualche esempio:

La planimetria per la vetrina e per il catalogo dovrebbe essere stampata in DIN A3 e sarebbe opportuno evitare di inserire l'indicazione dei metri quadri o altre misure all'interno dei vani dell'immobile; meglio riportare queste informazioni in una piccola legenda a parte, magari in basso a destra. In genere, per le nuove costruzioni si riporta anche una specifica di dove l'appartamento è compreso nel condominio. Come da esempio:

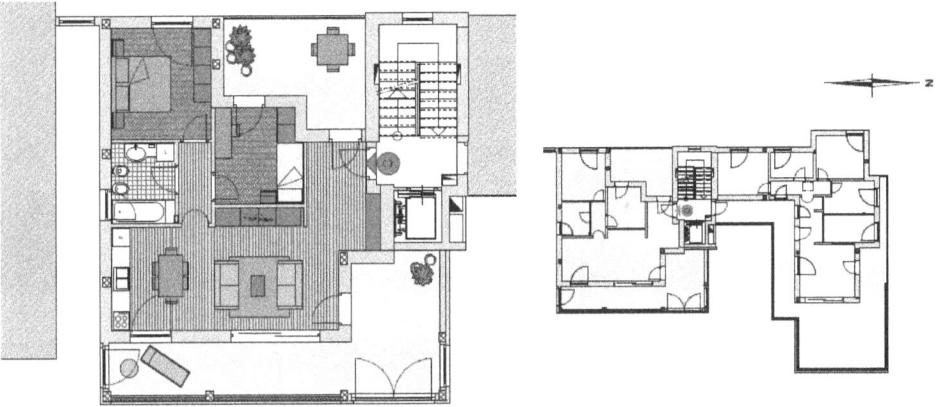

Si può notare, nella planimetria più grande, il particolare dell'appartamento e in quella più piccola il contesto in cui è inserito unitamente all'esposizione rispetto al condominio.

SEGRETO n. 13: personalizza le planimetrie differenziandole a seconda dell'uso (Internet, catalogo, vetrina, email) con colori in linea con lo stile dell'agenzia, utilizzando un software idoneo oppure rivolgendoti a ditte specializzate.

Come utilizzare le giuste fotografie

Un cliente non compra solo i metri quadri di una casa ma compra anche la sua atmosfera, la vista, la colazione con tutta la famiglia sulla terrazza, lo stile delle facciate, l'ampiezza delle stanze e indipendentemente dal prezzo, dalla grandezza, dalla posizione e da tanti altri elementi che lo hanno spinto a decidere di acquistare.

Uno dei fattori determinanti affinché una persona possa selezionare e poi visitare un immobile per un successivo eventuale acquisto è la rappresentazione fotografica che trasmette immediatamente emozioni, riproduce la realtà e i suoi particolari.

Per questo motivo il biglietto da visita di un'agenzia è un sito internet oppure una proposta immobiliare che può essere inviata via email, o anche la vetrina, il catalogo o una presentazione Power Point proiettata su uno schermo. Qualsiasi metodologia si adoperi, la sua costante e componente principale è la fotografia.

A seconda dell'utilizzo abbiamo una diversificazione delle fotografie, e cioè:

- fotografie per Internet e email che devono essere ridotte nelle dimensioni e non devono riprodurre particolari dell'immobile che consentano un'identificazione, a meno che non siamo in possesso dei dati del cliente al quale inviamo la proposta immobiliare;

- fotografie per il catalogo e la vetrina, possibilmente in formato DIN A3 che risaltino particolari, spazi, viste dell'immobile con stampa ad alta risoluzione;

- fotografie per uso interno d'ufficio, da destinare a eventuali colleghi che non hanno avuto la possibilità di partecipare all'acquisizione dell'immobile e che in questo modo si trovano nella condizione di conoscere l'immobile e suoi dettagli in maniera indiretta.

A prescindere dall'utilizzo delle fotografie appiano evidenti due problematiche: cosa fotografare e come fotografare.

Cosa fotografare: tutti gli ambienti della casa, interni ed esterni (zone comuni, facciate, cantine, garage, posti auto, scale, balconi). Il panorama, la vista, gli accessi all'immobile.

Come fotografare: accentuare gli aspetti positivi e tralasciare quelli negativi (se da una finestra si vede il traffico, ad esempio, troviamo un'altra angolazione dalla quale non si vede questo dettaglio), accendere tutte le luci, evitare di usare il flash (possibilmente), fotografare in un giorno di sole, a mezzogiorno, di modo che le ombre non influiscano negativamente, non inclinare la macchina fotografica, le linee verticali delle pareti devono rimanere verticali, non oblique (possibilmente usare il treppiedi), fotografare da un angolo della stanza in quanto trasmette un maggiore senso di ampiezza.

Alcune volte, piccolissimi accorgimenti fanno la differenza e colpiscono in maniera evidente, rendendo le nostre fotografie molto professionali. Può capitare di fotografare il bagno e accorgersi dopo che la tavoletta del water è rimasta aperta... Sono errori da evitare, meglio prendere uno sgabello, porsi all'angolo superiore della porta e fotografare dall'alto un ambiente piccolo come il bagno oppure per centrare meglio una stanza porsi in corrispondenza dell'altezza della maniglia della porta, i risultati saranno sicuramente molto soddisfacenti.

Non è da escludere, anzi è consigliabile, frequentare un corso di fotografia, anche per principianti; si impareranno e si svilupperanno delle tecniche che saranno senz'altro di aiuto.

SEGRETO n. 14: fotografa gli interni e gli esterni dell'immobile e suddividi le fotografie in apposite cartelle in base alla loro destinazione: Internet e email, vetrina e catalogo, uso ufficio. Fotografa mettendo in risalto gli spazi, la luce e i particolari.

Come realizzare un exposé

L'exposé non è altro che una scheda tecnica dell'immobile, da inserire nel catalogo; disporne sempre un numero sufficiente di copie da poterle immediatamente distribuire agli interessati è una buona norma da seguire, oltre che riprodurre lo stesso in formato digitale per successivi invii via email.

L'exposé raccoglie i dati salienti dell'immobile, ed è accompagnato da alcune fotografie, una planimetria e una scheda con i principali dati tecnici (metratura, piano, esposizione, anno di costruzione, posti auto ecc.). È molto utile e pratico, e soprattutto ci permette di velocizzare le operazioni e non apparire impreparati davanti alle richieste di persone interessate.

Prova a immaginare: il cliente legge un nostro annuncio oppure si presenta in agenzia e gli proponiamo alcuni immobili, uno di essi lo colpisce e ci chiede una copia della cosiddetta "piantina". Il più delle volte lo stesso agente si alza, va alla fotocopiatrice, riproduce il documento e lo consegna, oppure, nei casi più fortunati, chiede aiuto alla segretaria (distogliendola da altre mansioni) e il cliente magari prende appunti per ricordarsi del piano, dei metri, dell'anno di costruzione ecc.

La professionalità è qualcos'altro: il cliente riceve un exposé a colori, ben redatto, con l'indicazione dei dati principali, e porta a casa qualcosa di concreto da far vedere alla moglie/marito e che può rivedere e da cui trovare spunto per riflettere.

Non dobbiamo aver paura di rilasciarne una copia, magari anche spiegando dove si trova l'immobile; si presume che un buon agente immobiliare abbia chiesto, con giusta diplomazia, i dati dell'interlocutore, un telefono, un'email e che non ritenga di essere "scavalcato" fornendo l'informazione a uno sconosciuto...

È utile creare una maschera di fac-simile standardizzato di exposé e adattarlo di volta in volta ai nuovi immobili che si inseriranno. Medesima posizione per la fotografia, la planimetria, la legenda con i dati. In questo modo si velocizza il lavoro rendendolo uniforme e flessibile ai vari utilizzi.

Difatti il medesimo exposé può essere utilizzato per consegnarlo al cliente, per inviarlo al cliente (posta ordinaria), in formato digitalizzato (pdf) per inviarlo via email o addirittura, quando lavoriamo con mandato in esclusiva, imbucarlo nelle cassette della posta.

Le fotografie inserite nell'exposé dovranno essere preferibilmente una, due o tre, in particolare relative alla vista e ambienti luminosi; la planimetria e la legenda completeranno la descrizione.

Questo documento non dovrà essere molto "pesante", dovrà essere redatto in un'unica pagina, massimo due, e servirà contemporaneamente come promemoria e come flash dell'immobile. Nel capitolo successivo vedremo poi come inserire nel medesimo exposé un annuncio esaustivo, esclusivo e accattivante. Un esempio di exposé può essere il seguente:

Nome e logo agenzia

Descrizione immobile:

(esempio)

Nuova costruzione - Appartamento a 5 vani in zona soleggiata con giardino privato o terrazza

Appartamenti spaziosi con giardini privati e terrazze abitabili.

L'ideale per una famiglia o per costruirla nel prossimo futuro.

Non avreste voglia di camminare a piedi scalzi sul vostro giardino o di avere un piccolo animale domestico?

Questo è l'immobile giusto per Voi. Se date un'occhiata alle caratteristiche potrete notare le tre stanze da letto, la cucina abitabile, l'ampio soggiorno, due bagni, la cantina, un garage doppio e un posto auto esterno di proprietà.

L'immobile è certificato per lo standard costruttivo casa clima "A".

Allo stato attuale è possibile ancora modificare l'appartamento a livello di finiture interne. Maggiori informazioni solo su appuntamento.

Foto (esempio)

Legenda (esempio)

Oggetto: **appartamento**

Comune: **XX**

Camere: **5**

Grandezza: **152 mq**

Piano: **piano terra**

Stato: **nuovo**

Riscaldamento: **autonomo**

Ascensore: **no**

Parcheggio: **sì**

Garage: **sì (2)**

Cantina: **sì**

Bagno: **2**

Cucina: **1**

Balcone: **sì/no**

Terrazza: **sì**

Giardino: **sì/no**

Disponibilità: **subito**

SEGRETO n. 15: predisponi degli exposé in formato cartaceo e digitale, da inviare alle persone interessate con metodologia professionale ed esclusiva.

RIEPILOGO DEL CAPITOLO 4:

- SEGRETO n. 13: personalizza le planimetrie differenziandole a seconda dell'uso (Internet, catalogo, vetrina, email) con colori in linea con lo stile dell'agenzia, utilizzando un software idoneo oppure rivolgendoti a ditte specializzate.

- SEGRETO n. 14: fotografa gli interni e gli esterni dell'immobile e suddividi le fotografie in apposite cartelle in base alla loro destinazione: Internet e email, vetrina e catalogo, uso ufficio. Fotografa mettendo in risalto gli spazi, la luce e i particolari.

- SEGRETO n. 15: predisponi degli exposé in formato cartaceo e digitale, da inviare alle persone interessate con metodologia professionale ed esclusiva.

CAPITOLO 5:

Come creare annunci pubblicitari esclusivi

Come realizzare annunci professionali riconoscibili

Un agente immobiliare deve distinguersi da tutti gli altri per farsi conoscere, per conquistare fiducia e per raggiungere il miglior risultato nel più breve tempo possibile. Uno dei sistemi per ottenere questi risultati è l'annuncio pubblicitario.

Dobbiamo evidenziare il fatto che esiste una grande differenza tra annunci su quotidiani/settimanali/giornali e inserzioni su Internet. Per quelli in Internet sarà dedicato un apposito paragrafo, mentre in questa fase ci occuperemo dei cosiddetti annunci "cartacei".

È essenziale adottare sempre questo principio: anziché fare annunci pubblicitari costosi, è molto meglio realizzare annunci professionali riconoscibili, immediatamente identificabili... come un marchio di fabbrica.

Pubblicare un annuncio a quattro colonne per catturare l'attenzione, oltre che a costare un patrimonio, non sortisce l'effetto desiderato se non viene adottata una strategia specifica.

Lo scopo dell'annuncio è quello di essere contattati per un appuntamento, quindi bisogna invogliare il lettore a farlo e per questo motivo dovremo usare due verbi: emozionare e persuadere.

Nelle campagne pubblicitarie addirittura un colore e/o una parola influenzano e scaturiscono risultati diversi; chiaramente per i non addetti ai lavori questo potrà sembrare un'esagerazione, invece è proprio così, pertanto il nostro annuncio (cartaceo) si baserà su tre elementi principali: titolo, foto e testo. Abbiamo già discusso sulle fotografie, affrontiamo adesso la tematica "titolo" o *headline* e "testo".

Il motivo per il quale il lettore deve continuare a leggere il nostro annuncio, e giungere alla seconda-terza linea per intenderci, è perché è "calamitato", è "incollato" dal nostro titolo, altrimenti non legge e non va più avanti se già il titolo non gli interessa.

Ad esempio, se scrivessimo: «Trilocale, 80 mq, ultimo piano, centro città» è un tipo di annuncio che non avrebbe molto seguito in quanto indica in maniera asettica la vendita di un immobile senza suscitare alcun interesse particolare.

Diverso è il discorso se lo stesso immobile viene pubblicizzato in questo modo. Titolo: «Le tue preghiere arriveranno prima!» Testo: «Vivere in centro città senza rinunciare agli spazi. Splendida vista sui tetti. Bel trilocale luminoso all'ultimo piano in posizione esclusiva solo per intenditori. Cosa aspetti? Telefona al (telefono agenzia, nome e sito web)».

Questo tipo di annuncio è di sicuro più persuasivo, ha trasmesso delle emozioni e in più ha attirato l'attenzione. Con questo annuncio raggiungeremo i seguenti obiettivi:

- attirare l'attenzione;
- informare sulle caratteristiche principali dell'immobile (in questo caso ho indicato che si tratta di un ultimo piano e che in relazione alla tipologia – trilocale – è grande e luminoso); maggiori dettagli si indicheranno allorquando sarà inviata una scheda tecnica (exposé) e/o seguiranno altre info sul sito web;

- suscitare emozioni;
- persuadere l'utente a proseguire la lettura.

Differenziandoci dalla massa e pubblicando annunci esclusivi saremo ricordati e svilupperemo curiosità, di conseguenza attireremo il maggior numero di potenziali clienti rispetto ad annunci di carattere ordinario. Per convincere qualcuno anche noi dobbiamo essere convinti e solo in questo modo e con positività riusciremo a trasmettere al cliente la qualità del nostro prodotto, sia per telefono sia in sede di appuntamento.

SEGRETO n. 16: realizza annunci che possono persuadere ed emozionare e rendersi riconoscibili, esclusivi, professionali; solo così l'utente leggerà le nostre inserzioni e avremo la probabilità di essere contattati.

Come applicare il metodo AIPA

Per una buona inserzione è bene utilizzare uno schema, una regola da seguire, così si è più sicuri di non sbagliare ed è per questo che applichiamo la formula AIPA (A = Attenzione; I = Interesse; P = Pressione; A = Attività).

A = *Attenzione*: l'utente di solito legge gli annunci quasi sempre in fretta e se non trova un titolo interessante va avanti, passa subito al successivo. Un titolo non comune invece lo ferma un attimo, lo fa "inciampare" e, se è interessato, continuerà a leggere. Evitiamo di scrivere annunci del tipo: «Noi abbiamo l'appartamento giusto per Lei...» Questi titoli non fanno effetto. Meglio: «I bambini faranno il diavolo a quattro nella loro nuova stanza!» Se l'utente si è fermato davanti a questo titolo continuerà a leggere e arriverà alla riga successiva.

I = *Interesse*: troppe informazioni sono controproducenti, per cui bastano pochi dati che sottolineano emotivamente il titolo. Seguiamo un filo conduttore in linea con il titolo per proseguire con armonia, evitiamo di inserire i metri quadri in questa fase dell'annuncio, ricordiamoci lo scopo e cioè quello di essere contattati in quanto appena saputo il prezzo il cliente generico-medio farà un calcolo superveloce dividendo il prezzo per i metri quadri e dedurrà subito che l'immobile è troppo caro, magari senza sapere neanche la differenza tra metri quadri netti, lordi e commerciali, e in più non chiederà neanche una visita scartando l'immobile in partenza.

P = Pressione: alcune volte solo due-tre informazioni giuste possono attirare l'attenzione dell'utente che decide di telefonare. Se immaginiamo solo che in una pagina di giornale troviamo in media cinquanta-cento annunci diversi tra i quali il potenziale cliente cerca l'offerta che a lui sembra più interessante, si devono sfruttare tutte le possibilità per distinguersi dagli altri. Il cliente "deve" capire, tra le righe, il vantaggio di contattare la nostra agenzia e che il motivo per il quale ci distinguiamo è che sappiamo fare bene il nostro lavoro. Nell'esempio di annuncio precedente ho riportato "solo per intenditori": con solo tre parole ho stimolato l'utente creando in lui delle aspettative e della curiosità e toccandolo in profondità.

A = Attività: non servirà a molto se il potenziale cliente, dopo aver letto il nostro annuncio, avrà attuato un comportamento passivo, cioè non avrà telefonato, non avrà visitato il nostro sito, non avrà scritto un'email e non sarà passato nella nostra agenzia.

Si deve sviluppare un effetto psicologico tale da portare a una di queste attività, quindi deve esserci un'esortazione nel nostro

annuncio. Ricordi l'esempio? «Cosa aspetti? Telefona al ……..».
Ecco l'esortazione, altri esempi potrebbero essere i seguenti:

- se volete andare ad abitarci, allora telefonate al …...;
- non fatevi soffiare l'appartamento dal vicino, chiamate al …...

Queste frasi stimolano gli interessati e se inserite nel testo dell'annuncio sicuramente porteranno a buoni risultati, o quantomeno svilupperanno una serie di contatti che condurranno a potenziali clienti. Un annuncio è solo un contatto tra noi e i potenziali clienti.

SEGRETO n. 17: utilizza la formula AIPA come guida per la realizzazione di un annuncio.

Come inserire l'annuncio nel circuito Internet

In Internet, molto spesso non abbiamo problemi di spazio. Nel nostro sito ad esempio potremmo scrivere quanto vogliamo e quindi specificare maggiori caratteriste dell'immobile di cui ci stiamo occupando rispetto al fine che invece cerchiamo di perseguire nell'annuncio cosiddetto cartaceo.

Anche in tanti siti web dedicati ad annunci sicuramente gli eventuali costi sono molto ridotti rispetto a quelli che compaiono su quotidiani, settimanali e/o giornali, pertanto potremmo sfruttare questa opportunità in maniera intelligente.

Un annuncio immobiliare deve essere chiaro e semplice. Descriveremo quindi l'immobile ponendo a noi stessi alcune domande, ossia quali informazioni vorremmo ricevere se noi stessi leggessimo un annuncio in Internet. Quindi elencheremo il numero dei vani, servizi, balconi, box, garage, cantine/soffitte, accessori e rifiniture. Sarà indicata la superficie netta, lorda e di vendita dell'immobile, nonché il tipo di riscaldamento.

È buona norma descrivere anche il contesto condominiale e il tipo di esposizione, come la presenza di posti auto e di spazi verdi. Voce a parte, e sicuramente di interesse, è la presenza di linee di trasporto pubblico, parchi e scuole.

L'utilizzo di queste notizie permette di anticipare le domande poste dall'eventuale interessato e ci permetterà di filtrare tutte le persone che non sono interessate al nostro immobile, riducendo il tempo che invece impiegheremo in telefonate e visite che poi si rivelerebbero infruttuose.

Anche alcune foto dell'immobile saranno utili a creare la cosiddetta "prima impressione" e allorquando ci giungerà la richiesta via email da parte dell'utente entreremo in contatto con lui inviandogli l'exposé e invitandolo, qualora interessato, a prenotare una visita non impegnativa.

Tutti questi presupposti, che abbiamo elaborato e commentato nei paragrafi e capitoli precedenti, ci permettono di acquisire un immobile in maniera professionale e di fare in modo di ottenere il mandato per la successiva vendita. Sarà a noi demandato il compito adesso che abbiamo l'immobile da vendere di trovare la persona giusta che lo compri.

Anthony Robbins, leader mondiale nell'arte della comunicazione e della formazione, afferma: «È la differenza che fa la differenza» ossia spesso è il modo con il quale proponiamo e comunichiamo che rende vincente ciò che proponiamo e che comunichiamo... e non il contrario.

SEGRETO n. 18: utilizza l'opportunità dello spazio in Internet fornendo maggiori informazioni rispetto all'annuncio cartaceo e proponi la "differenza che fa la differenza".

RIEPILOGO DEL CAPITOLO 5:

- SEGRETO n. 16: realizza annunci che possono persuadere ed emozionare e rendersi riconoscibili, esclusivi, professionali; solo così l'utente leggerà le nostre inserzioni e avremo la probabilità di essere contattati.

- SEGRETO n. 17: utilizza la formula AIPA come guida per la realizzazione di un annuncio.

- SEGRETO n. 18: utilizza l'opportunità dello spazio in Internet fornendo maggiori informazioni rispetto all'annuncio cartaceo e proponi la "differenza che fa la differenza".

Conclusione

Siamo giunti al termine di questa breve panoramica su alcune tecniche da utilizzare per acquisire in maniera professionale un immobile da destinare alla successiva compravendita. Lavorando con diligenza, correttezza e onestà sicuramente avremo dei risultati che porteranno al successo che in questa fase si traduce nell'ottenimento, da parte del privato, del mandato di vendita.

Ho inserito nell'ebook alcune schede ed esempi pratici in quanto ritengo che possano essere utili strumenti da inserire nella "valigetta degli attrezzi".

A te, amico lettore, la scelta di utilizzare questi strumenti e sperimentarli oppure lasciarli nella "valigetta"… provare non ti costa nulla e sicuramente riceverai dei riscontri.

Pianifica la tua agenda e inizia ad adottare qualche strategia indicata nel presente ebook. Ad esempio, una mattina della settimana dedicala a contattare tutti gli stakeholder, inseriscili subito nella tua lista, contatta i privati, trasforma gli annunci "sterili" che hai finora tenuto in vetrina in annunci accattivanti... Passa all'azione!

Cogli le opportunità dai problemi con i quali ci confrontiamo giorno per giorno e solo se cambi prospettiva apprezzerai le occasioni che ci vengono offerte per comprendere e imparare. I premi che riceveremo saranno proporzionati al nostro impegno, in quanto l'azione viene sempre premiata.

Il presente ebook non è assolutamente di carattere esaustivo ma vuole solo fornire degli input e uno sprone a lavorare con metodo e scrupolosità. Sta poi a ognuno di noi trovare i giusti riscontri con l'attività, non affatto facile, di agente immobiliare, con la quale ci confrontiamo giorno per giorno.

Buon lavoro!

Mario Tempesta